U0789087

圖書在版編目（CIP）數據

素園石譜 / (明) 林有麟撰. -- 影印本. -- 天津：天津古籍出版社, 2011.9（2019.11重印）
ISBN 978-7-80696-914-4

Ⅰ.①素… Ⅱ.①林… Ⅲ.①石－中國－古代－圖錄 Ⅳ.①G894-64

中國版本圖書館CIP數據核字(2011)第122721號

策　劃：趙春山
責任編輯：張　芳

素園石譜
(明) 林有麟 / 撰
出版人/張瑋
天津古籍出版社出版
（天津市西康路35號　郵編300051）
http://www.tjabc.net
河北華寶古籍印刷有限公司印刷
全國新華書店發行
開本 787毫米×1092毫米 1/16　印張 13
2011 年 9 月 第 1 版　2019年 11月 第 2 次印刷
ISBN 978-7-80696-914-4
定價：980.00圓

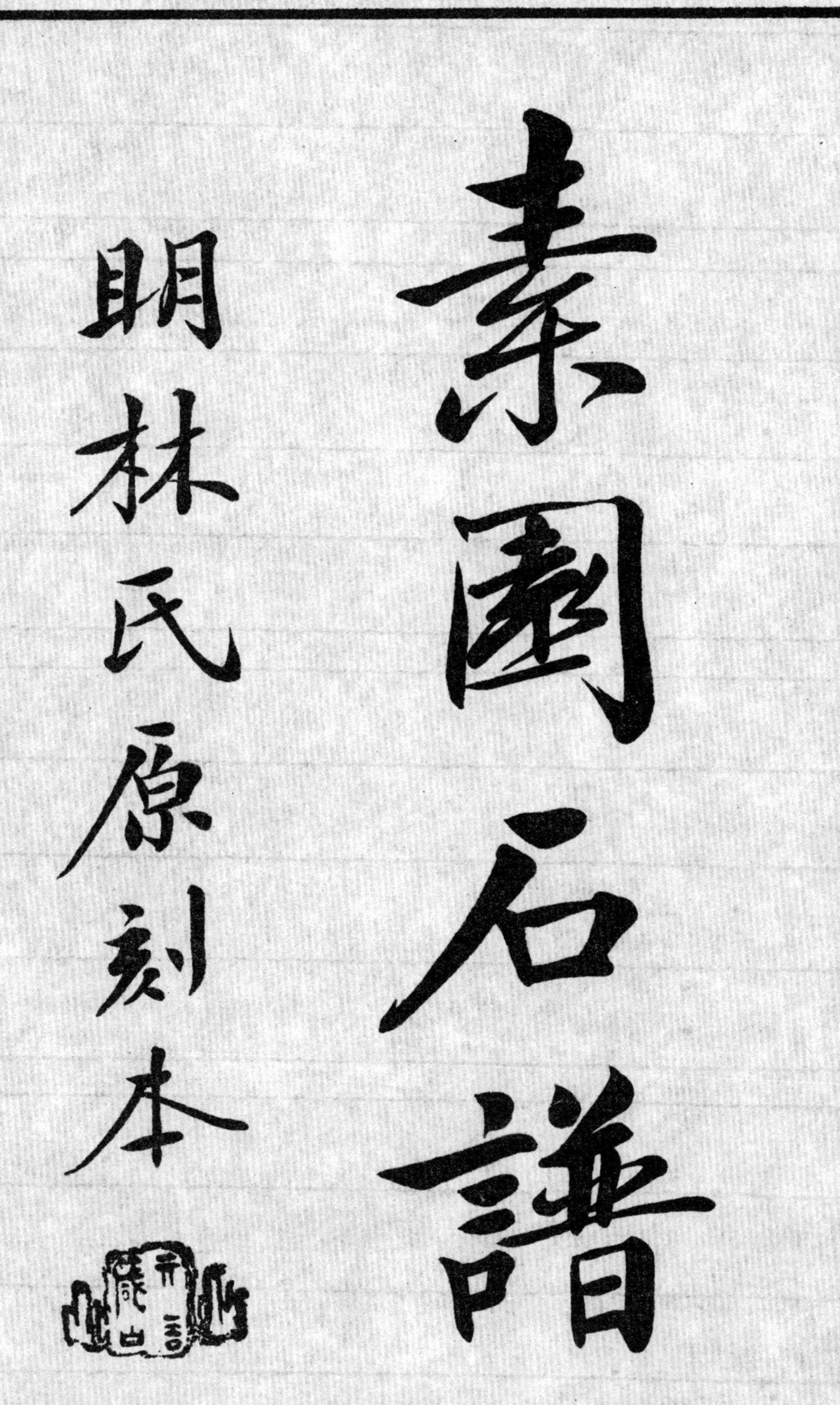

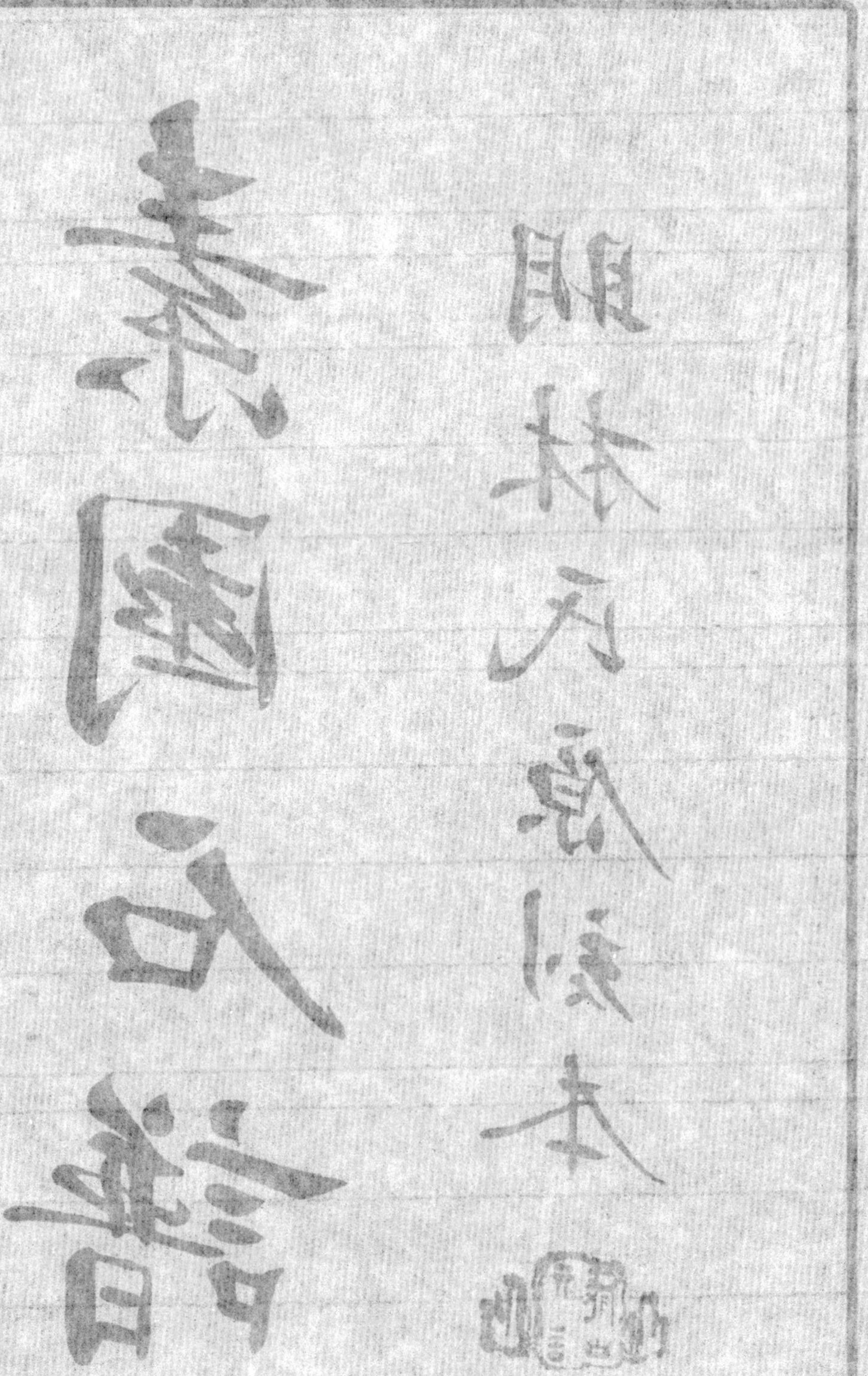

出版说明

《素园石谱》是一部反映中国古代雅石概貌的重要历史文献，共收录各种名石一百余种，计二百余幅大小石画，是中国古代最为完备、篇幅最宏的一部石谱著作。书前有友弟黄经题于艾纳庵序言，次有万历四十一年自序及凡例。

《四库全书总目·子部·谱录类·存目 一》言：《素园石谱》四卷，浙江汪启淑家藏本，明林有麟撰。有麟于所居素园辟元池馆以聚奇石，因采宣和以后之石，见于往籍者凡百种具绘为图，缀以前人题咏，始于蜀中永宁石，终于松江普照寺达摩石，以意写未必能一一当其真也。

林有麟，字仁甫，号衷斋，华亭（今上海松江）人，明代著名收藏家，善山水，著有《青莲舫琴雅》《素园石谱》。

此次出版的《素园石谱》，以民国一九三三年五月故宫博物院图书馆据《明林氏原刻本》重印本为底本影印。

二〇一一年九月

四庫總目子部譜錄類存目一

素園石譜四卷 浙江汪啟淑家藏本

明林有麟撰有麟於所居素園闢元池館以聚奇石因採宣和以後之石見於往籍者凡百種具繪爲圖綴以前人題詠始於蜀中永寧石終於松江普照寺達摩石以意寫未必能一一當其眞也

素園石譜小引

禹貢鉛松怪石列在職方當
時第淺士宜表方物不在瓌
琦玩好之數自政和主人量
士繡木窮致園林於是巖

身湖骨搜剔殫工然其所
輦而致者以千金之直美夫
之力而不足當艮嶽枝蓮之
用至若玲瓏半壑蒼翠盈
把屏几可設懷袖堪攜者

序

一

則又時遁跡金堂玉葉之外以供高瓘介癖之目流傳畫繪色色超絕遂使好事之家賤珷玞而輕拱璧一時嗜尚熏結篤不可已人雖復質欺敦斲淘滴芙蓉要為土物耳然觀雪浪遺銘伏流飛霰方寸之霤而下奔激之勢寶晉所藏三十六峯壇池畢具恍惚仇

池小有之天石理奇秘固造鬼工然非有以妙手正拿吞吐磅礴其與石爲俱存者何異千古千手吾友仁甫氏耽古博識詞藻雲涌雖生長朱門而賦性整潔處以名石面時好分枕漱之緣近復繕工寫圖上自南唐秘府之珍下及宋逸惟寶斷青寸紫莫不收彙以至古賢所諷詠之詞小篇

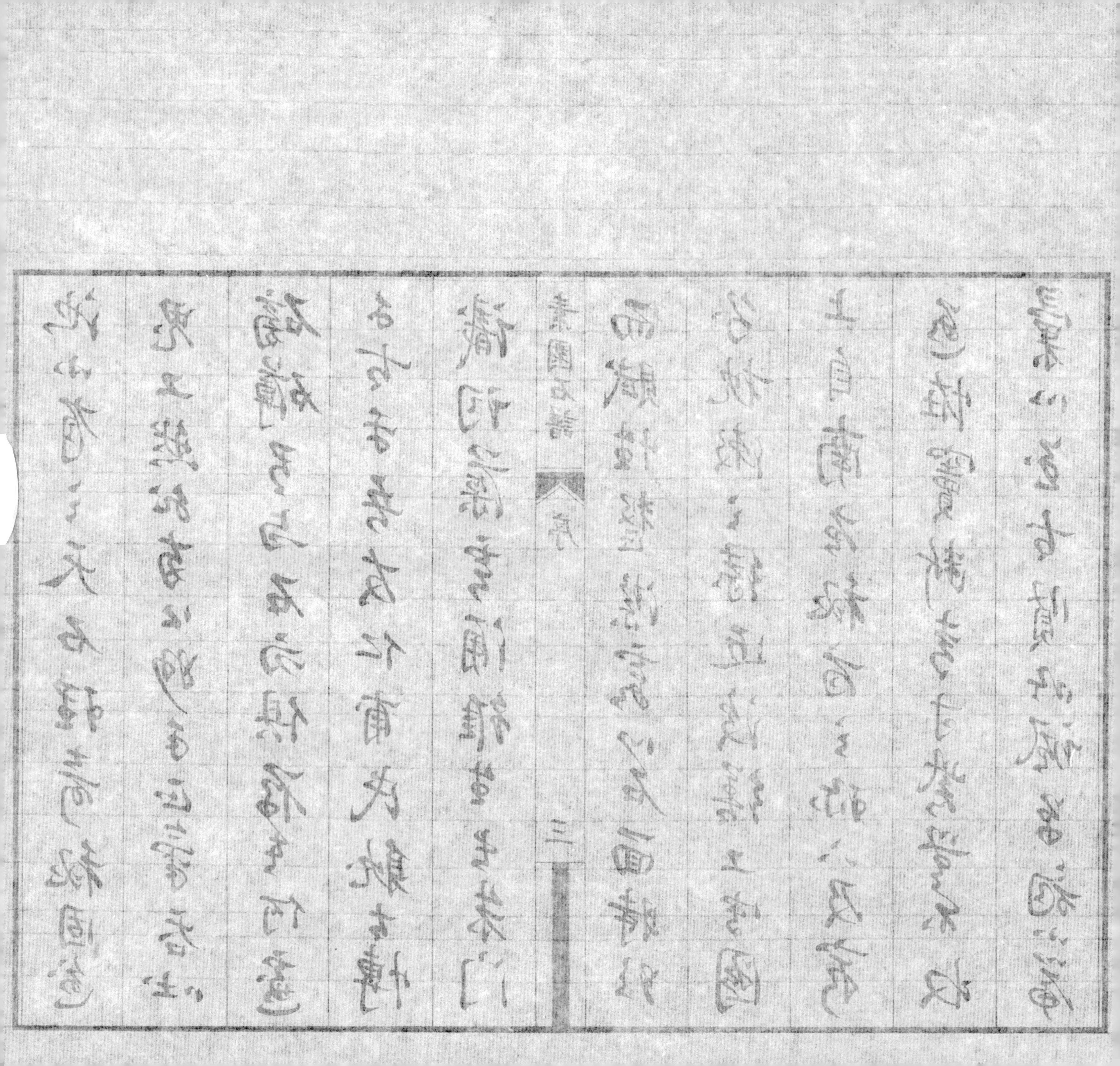

[illegible]

揖烟嵐于紙上想袍笏於窠廓峯嶧自藏墨塊自泯掩卷徐起而古人寄托之遠結情之近皆在吾一展中也予斯譜也唯能亦詩而有而後古人寶護秘惜而終不敢予者畢函襲而席珍迺爲得其神理而遺糟粕殊彰道也仁甫於文師技仙於畫師南宮父子而未嘗屑屑形似

率用正意閱印譜，在在亦可以考仁甫學古之神矣。

友弟黃經題于艾納庵

素園石譜自序

石之大萃嵂盡於五岳而道書所稱洞天福地靈蹤化人之居則皆有恠青奇碧焉余性好遊鹿裘鶴杖歲入五湖杳靄間然西至於石城遠極於瀑梁湫鳫而止所謂盪胸層雲決眥

雲間周有光刻

歸鳥者如少文臥見之而家有先人敝廬玄池石二拳在逸堂左个少時絃誦之暇便居趺之每焚香靜對肅然改容如見尊宿已於素園闢玄池館供禮石夾而三吳之殘崖斷壁崿窿坳者稍具焉雨深苔屋秋爽長林風入稜

皆輯爲譜覽者神遊目奪如從壺中見天地如洋款識辨畫圖法物形亦陂陀之正史名蹟之列業已夫物必有尤好同而痼已如

泠拳孤錢出之冰崖乳穴之中有何色味可灸然而仍像豪奪昔人所嘆湖口九華移歸鳥有漣川三妙未被騰攫戀惜既深悵快曷已何如

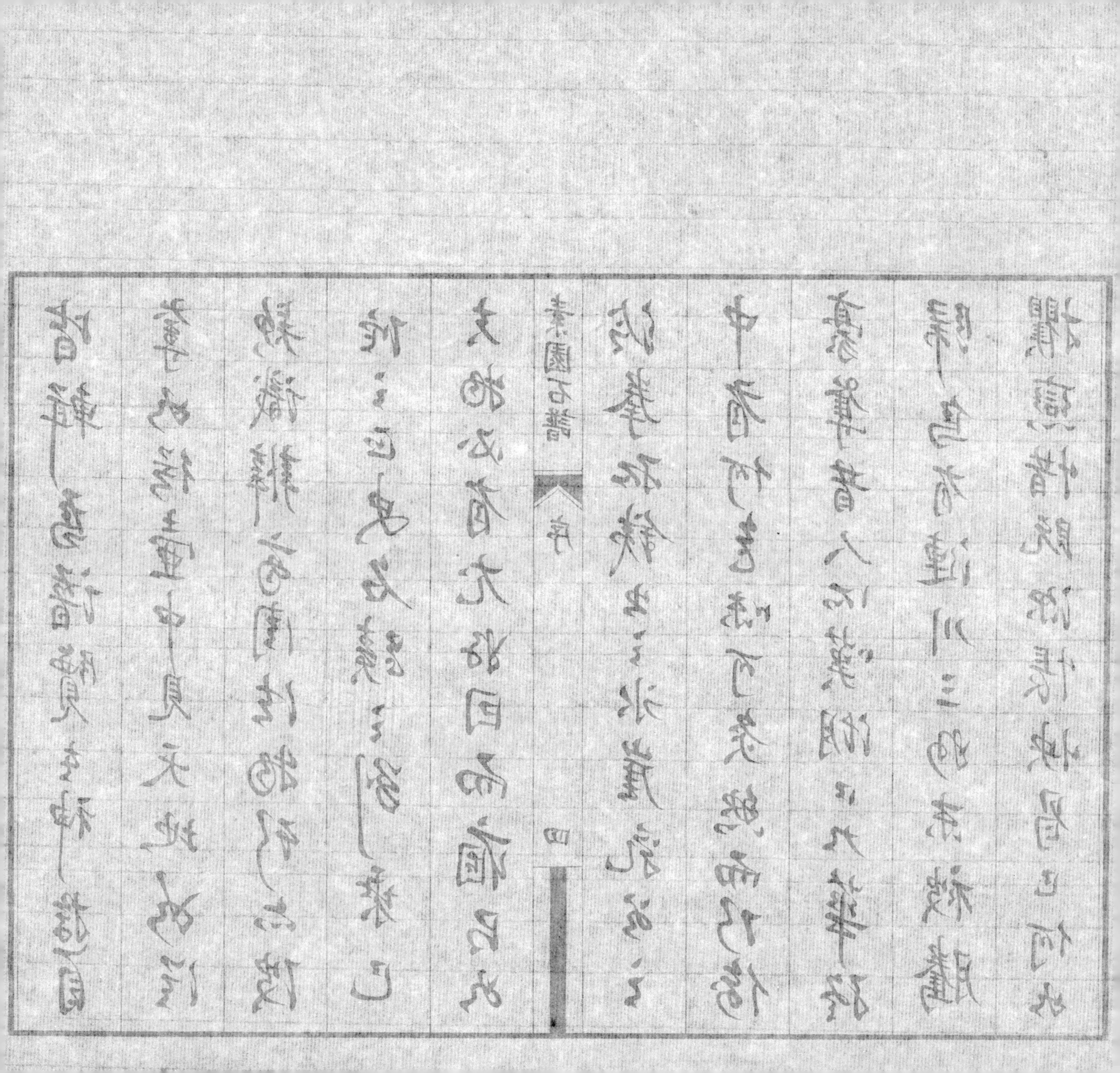

[illegible]

波哀王自奏一編隱几莞爾不言一洗人間肉飛絲語境界余嘗謂法書名畫金石鼎彝皆足令人自遠而石尤近於禪生公點頭前機莫逆而南宮九華謂可神遊其際此老顛書縱橫千古或從此中悟入雖然九州之外

復有九州五岳一拳猶可芥納若作是觀則齊安小兒江頭數餅已具有嵩華衡岱微體矣因檢緗編自宣和帝而後有繪圖哦詠者手彙輯之凡得四卷吾友黄令則見而愛之謂可公之同好昔人謂擁書萬卷不啻南面百

城余於萬叄之外剪取一段空青或

亦娓古者之海珍山臛也𦘕

萬曆癸丑孟冬日

雲間林有麟識

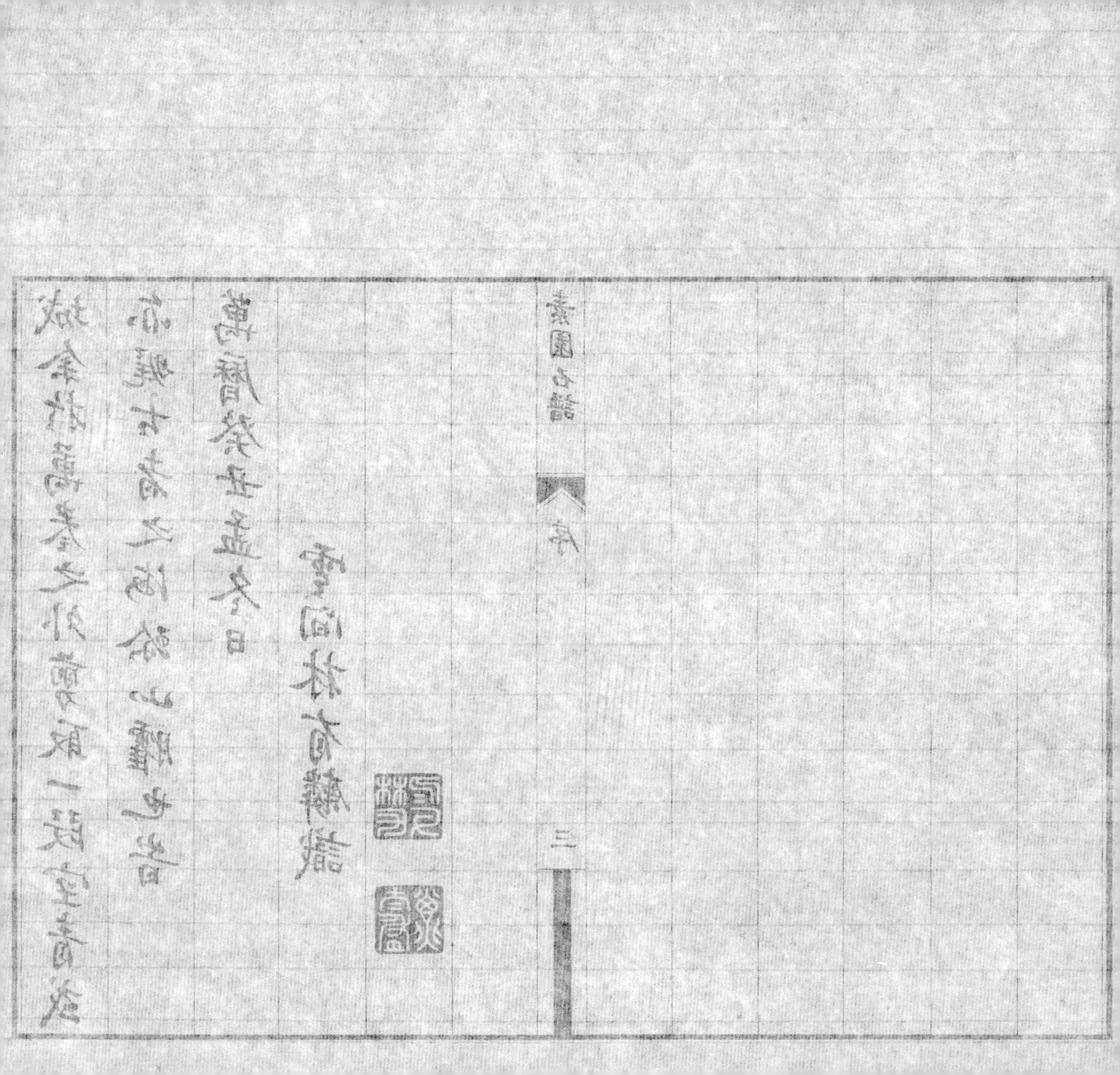

宋[illegible]林和靖語

[illegible]

[illegible]

[illegible]

素園石譜目錄

卷之一

卷之二

素園石譜目錄

卷之一

永寧石　壺中九華

小仇池　風秀丹山

寶晉齋研山　海嶽庵研山

蒼雪堂研山　星隕石

御題石　竹石

泰山石　雪浪石

菱谿石　崑山石

林慮石　永州石

虢州月石屏　松化石

花石綱

卷之二

靈璧石　瑪瑙石

平泉石　涵碧石

懷安石　透月巖

卷之三

卷之三

泰樂石　馬鹵泰樂研山
太秀華　臨安石
涌雲石　小蓬臺
石樹　連理石
雞石　囂山石
蛻化石　石文
淨心石　魚龍石
醉道士石　湖中石

階州石　江山璑思屏
靜江石　菩薩石
怪石　小有洞天
融州石　道州石
衢州石　西山石
衡州石　襄陽石
盧谿石　排衙石
英石

卷之四

目錄終

卷之四

目錄終

素園石譜凡例

一是編檢閲古今圖籍奇峯怪石有會於心者輒寫其形題咏綴後

一余性嗜山水故寄興于石雖遜米顛之下拜然目所到卽圖之久而成帙每一開卷石丈儼在前矣

一奇石多出名山今入譜者惟據目所覩記十不得其一二然識一斑而不窺全豹者世無其人也

一石之妙全在玲瓏透漏設塊然無奇雖古弗錄如禹穴之窆石鬱林之廉石是已

一石之佳者多經名人題咏不能悉收然亦有未經品題者如玉在璞有識者必鑒賞之不妨拈出

一石有形有神今所圖止形耳至其神妙處大有飛舞變幻之態令人神遊其間是在

玄賞者自得之

一圖繪止得一面或三面四面俱屬奇觀不能殫述則有名公之咏歌在

一帙中所錄皆取小巧足供娛玩至于疊嶂層巒穿雲叅斗非不仰止然非尺幅可摹姑置之

一米元章研山爲友易去不得再見乃筆想成圖余今聚天下奇石彙成一帙奚獨研

山彷彿在目哉從此齋中氣秀家家不泯矣

一石中奇形怪狀不一而足似涉傳疑然必確然有據方命剞劂若謂憶度揣摹逞奇藝苑則我豈敢

素園石譜卷之一

永寧石

雲間林有麟仁甫輯

素園石譜卷之一

永寧石

雲間林有麟仁甫輯

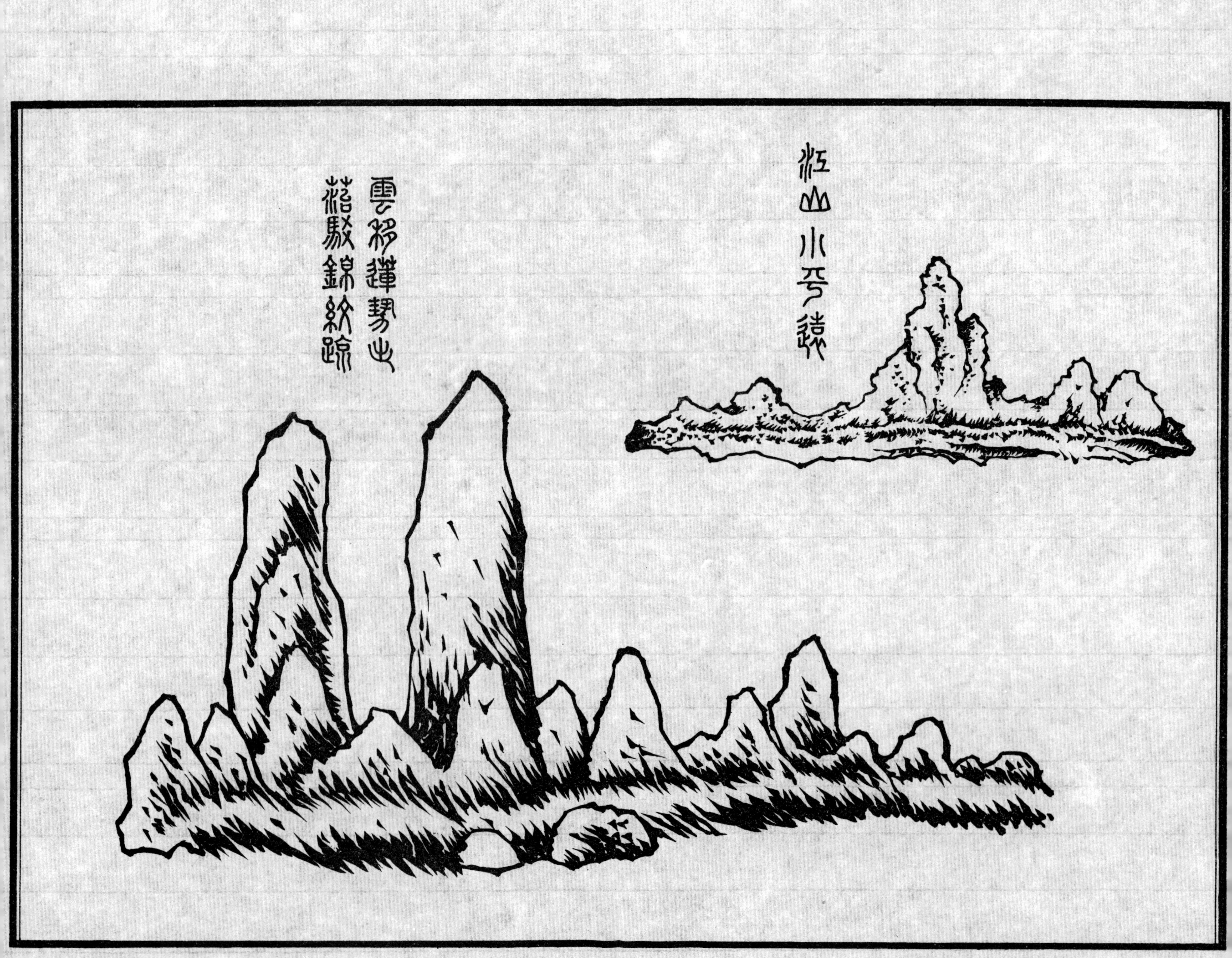
江山小平遠
雲移峯勢出
苔駁錦紋蹤

蜀水永寧軍產異石錢遜叔一石平如板於面上如鋪一紙許甚潔白上有山一座高低前後凡數十峯清極有佳趣目爲江山小平遠

道州江華永寧二縣皆產石或在亂山或生平地空瓏積疊大小不相粘綴江華一種灰黑色間有巉岩特立之勢其質倒生皆𪓐澁枯燥扣之有聲惟永寧所產大者十數尺或二三尺亦有尺餘者或大如拳或多細碎每就山採取率

皆奇怪一種色深青一種微青一種微黑其質堅潤扣之有聲或邊多拗坎頗類太湖彈子窩峯巒巉峭四面亦多透空嶮恠萬狀或有數尺若大山氣象千巖萬壑群峰環遶中有谷道拽脚類諸物像不可概舉有白石凸起横帶山腰若飛雲出岫狀背有海嶽二小篆字乃希世之寶誠百仞一拳千里一瞬者也

壺中九華

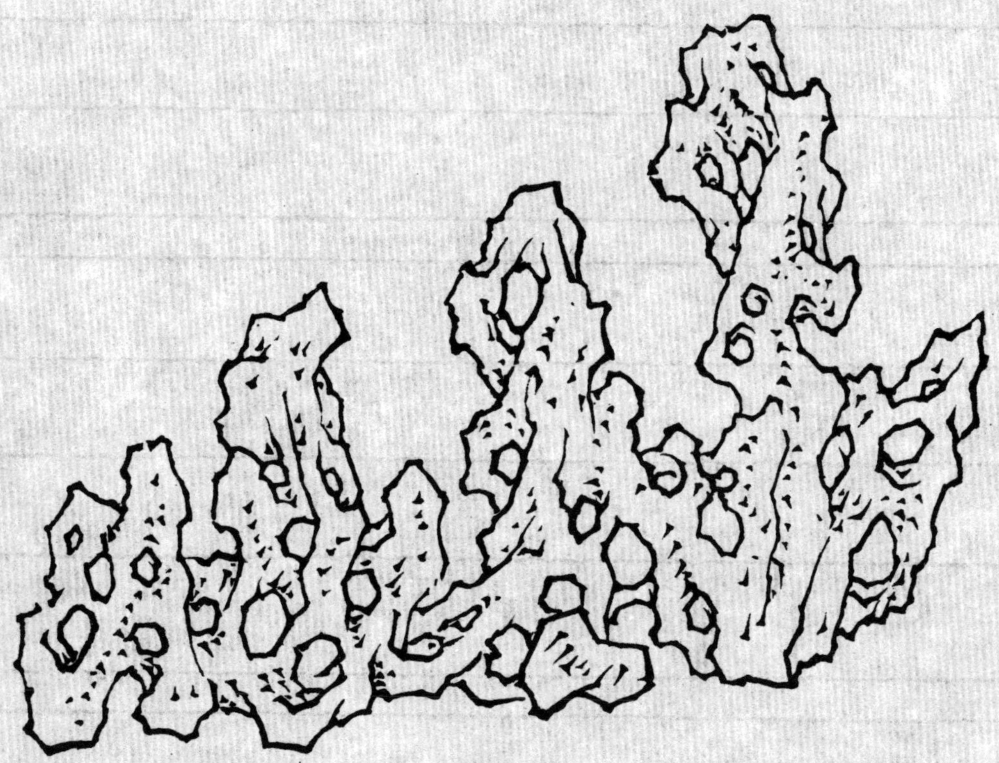

蘇東坡於湖口李正臣家見一異石九峯玲瓏宛轉若窗欞名曰壺中九華以詩紀之

前溪電轉失雲峯夢裏猶驚翠掃空五嶺莫愁千嶂外九華今在一壺中天池水落層層見玉女窗明處處通念我仇池太孤絶百金歸買碧玲瓏

既作壺中九華詩後八年復過湖口則石已爲好事者取去乃和前韻以自解云

江邊陣馬走千峯問訊方知冀北空尤物已隨清夢斷眞形猶在畫圖中歸來晚歲同元亮却掃何人伴敬通賴有銅盆修石供仇池玉色自玲瓏

東坡先生賦壺中九華詩實建中靖國元年四月十六日明年當崇寧之元年五月二十日黃庭堅繫舟湖口正臣持此詩來石旣不可見東坡亦下世矣感嘆不足因次前韻

有人夜半持山去頓覺浮嵐暝翠空試問安排華屋處何如零落亂雲中能回趙壁人安在已入南柯夢不通賴有霜鍾難席卷挂帆來聽響玲瓏

潘象安題

片石蒼山色復如山勢奇雖然在屋裏自有白雲知

水岱嶽

張秋泉眞人所藏研山也

趙孟頫咏

泰山亦一拳石多勢雄齊魯青巍峩此日却是小岱嶽峯巒無數生陂陀千巖萬壑來几上中有絶澗横天河粤從混沌元氣判自然凝結非鐫磨人間奇物不易得一見大呼爭摩娑米公生平好奇者大書深刻無差訛旁有小研天所造仰受筆墨如圓荷我欲爲君書道德但願此

鳳秀尺山

山石

落瀆洞發迴千疊

高丛巒崎嶇石島

糅鑿鳥雲根

浴麻青玉片

石不用雕巧偷象售古來有問君此意當如何

石不用鵝巧偷豪奪古來有問君此意當如何

鳳秀丹叢

削成青玉片
截斷碧雲根

高山嵯峨疊石屏
落傾側縈迴下臨
峭壑

此石王共谿得之於録事叅軍周幹臣處因作
此詩以記之
宣和寶石眞淵藪萬狀卿雲照靈囿當時幾鑿
太湖空贏得網船枯九有丹山風秀巖所譜孃
孃金書瘦於柳周郎携自河陽城夜壑雖深縱
豪取一峯突兀玉潺顏曾在紅雲顧盼間先榮
後悴物常理我今感汝爲長嘆揭來伴余茅屋
底憔悴秋孃歸故里清燈摇摇光滿几鑪烟作

雲研涵水老虬蟠屈似求伸隱隱猶能鱗甲起
此時對君心境閑人爲物遷今亶然掩書瞑坐
清思遠夢遶華陽松桂寒我思象江老守尤酷
嗜不惜千金輦至來長安家無婦兒居無廬六
石相伍歡有餘義山賞識豈徒爾愛璠好尙意
與先賢俱一杯下咽歌者誰南鄘小子王其谿
滎陽鄭璠爲象江守得恠石六

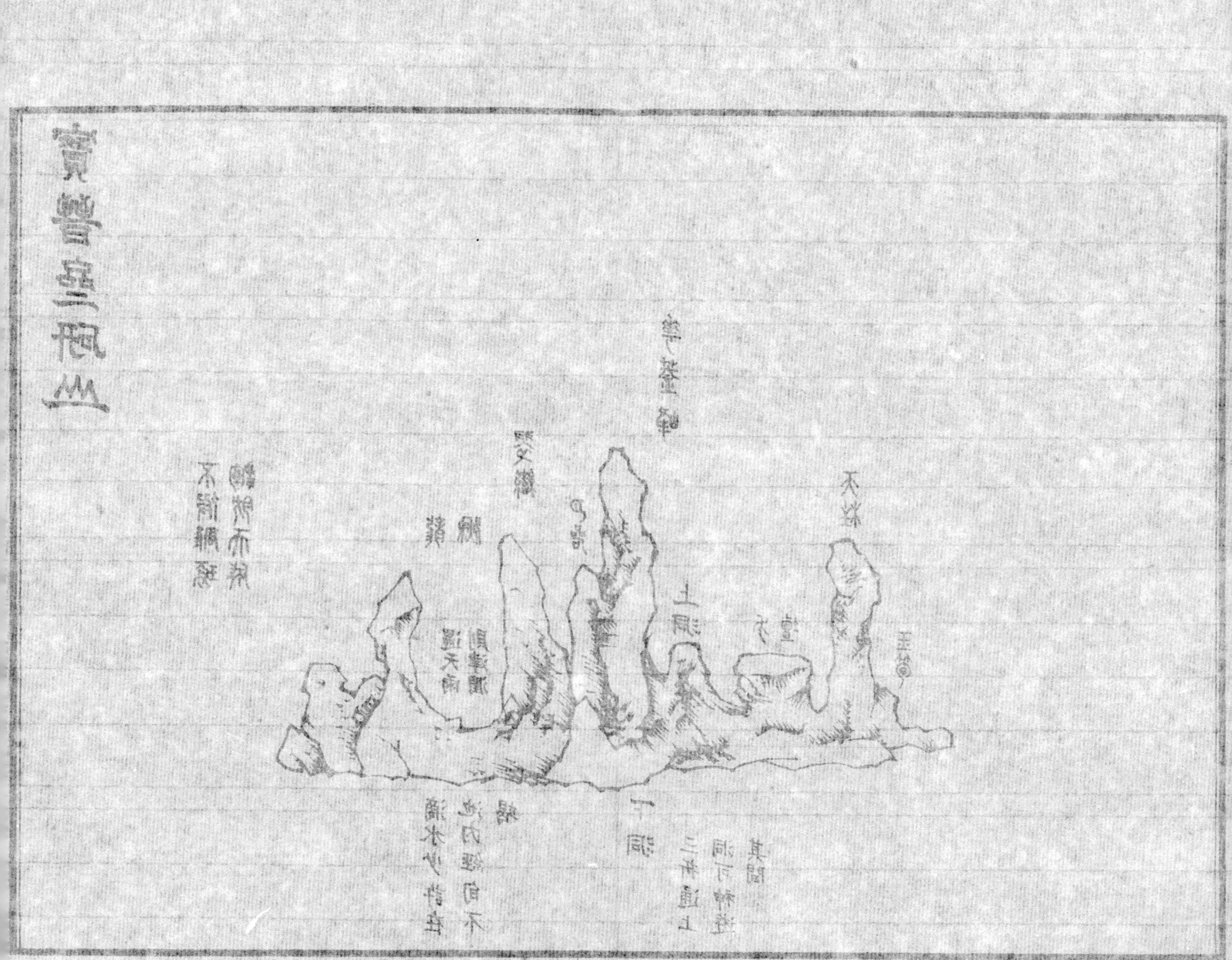
寶晉齋研山
華蓋峯
翠巒
月巖
上洞
下洞
天池
方壇

寶晉齋研山

不假雕琢
渾然天成

翠巒

龍池

遇天雨
則津潤

月巖

華蓋峰

上洞

方壇

天柱

玉筍

滴水少許在
池內經旬不
竭

下洞

三折通上
洞可神遊
其間

寒盆春研山

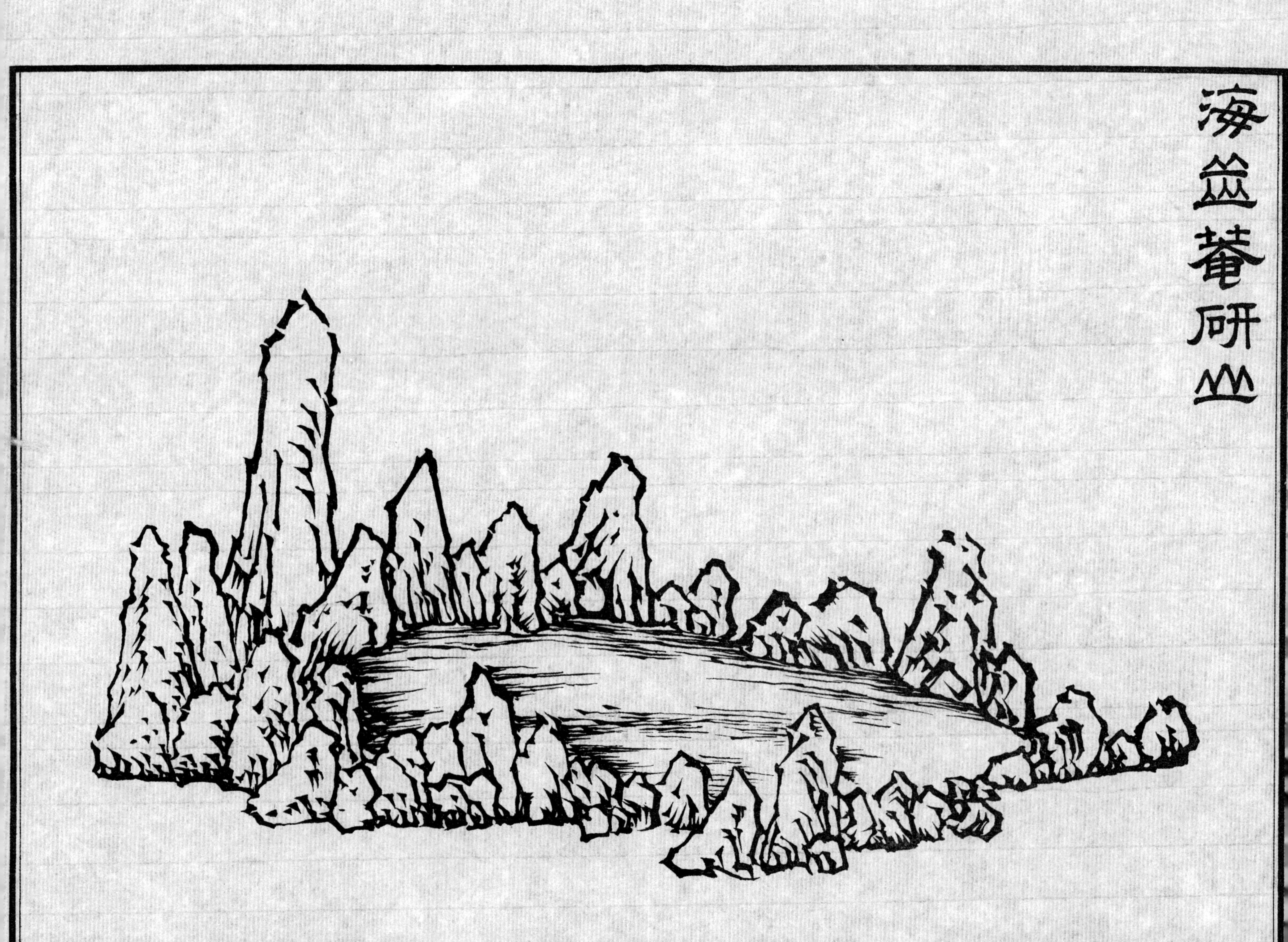

海岳菴研山

蒼雪堂研丛

青厓石尚

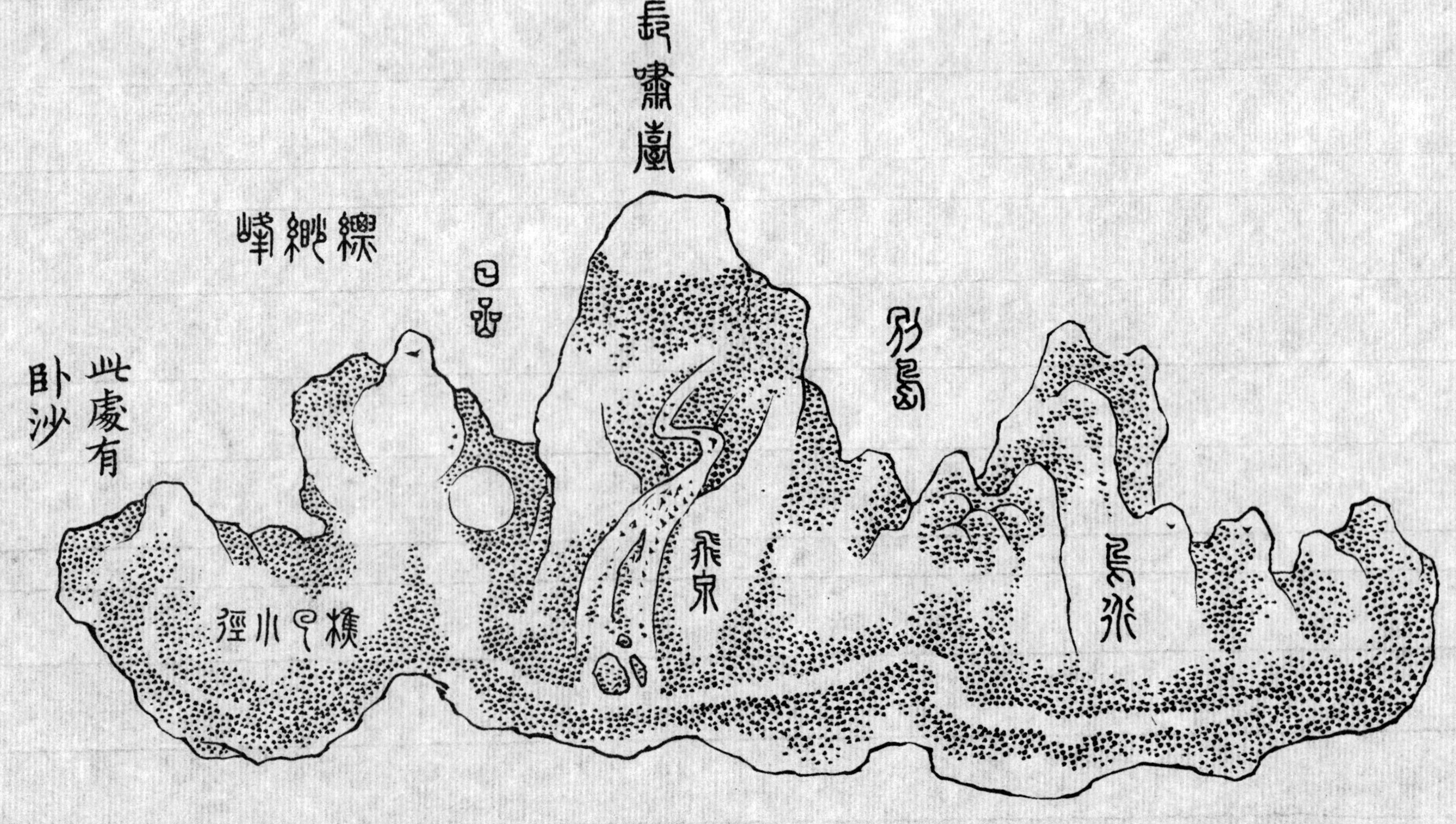

南唐李後主有研山廣不盈尺前聳三十六峯左右引兩阜陂陀而中鑿爲研及李歸宋遂流轉人間後爲米元章所得米歸丹陽卜宅時蘇仲容有甘露寺下一古基群木叢秀晉唐名士多居之米既欲得宅而蘇覬得研于是王彦昭侍郎兄弟共爲之和會蘇米竟相易米後稱海岳庵是也

米嘗守漣水地接靈壁蓄石甚富一一品目加以美名入書室終日不出時楊次公傑爲察使知米好石廢事往正其癖正郡正色言曰朝廷以千里付公那得終日弄石都不省事按牘一上悔亦何及米徑前以手于左袖中取一石其狀嵌空玲瓏峯巒洞穴皆具色極清潤米舉石宛轉翻覆以示楊曰如此石安得不愛楊殊不顧乃納之左袖又出一石疊嶂層巒奇巧更勝楊亦不顧又納之左袖最後出一石盡天劃神

鏤之巧又顧楊曰如此石安得不愛楊忽曰非獨公愛我亦愛也卽就米手攫得徑登車去

米元章題

五色水浮崑崙潭在頂出黑雲掛龍怪爍電痕極變化闔道門

莫是龍題

匪雕匪琢迺合昊樸爲氤爲氳與道合眞是分是循抑亦觀物理而圖新者與

壐隕石

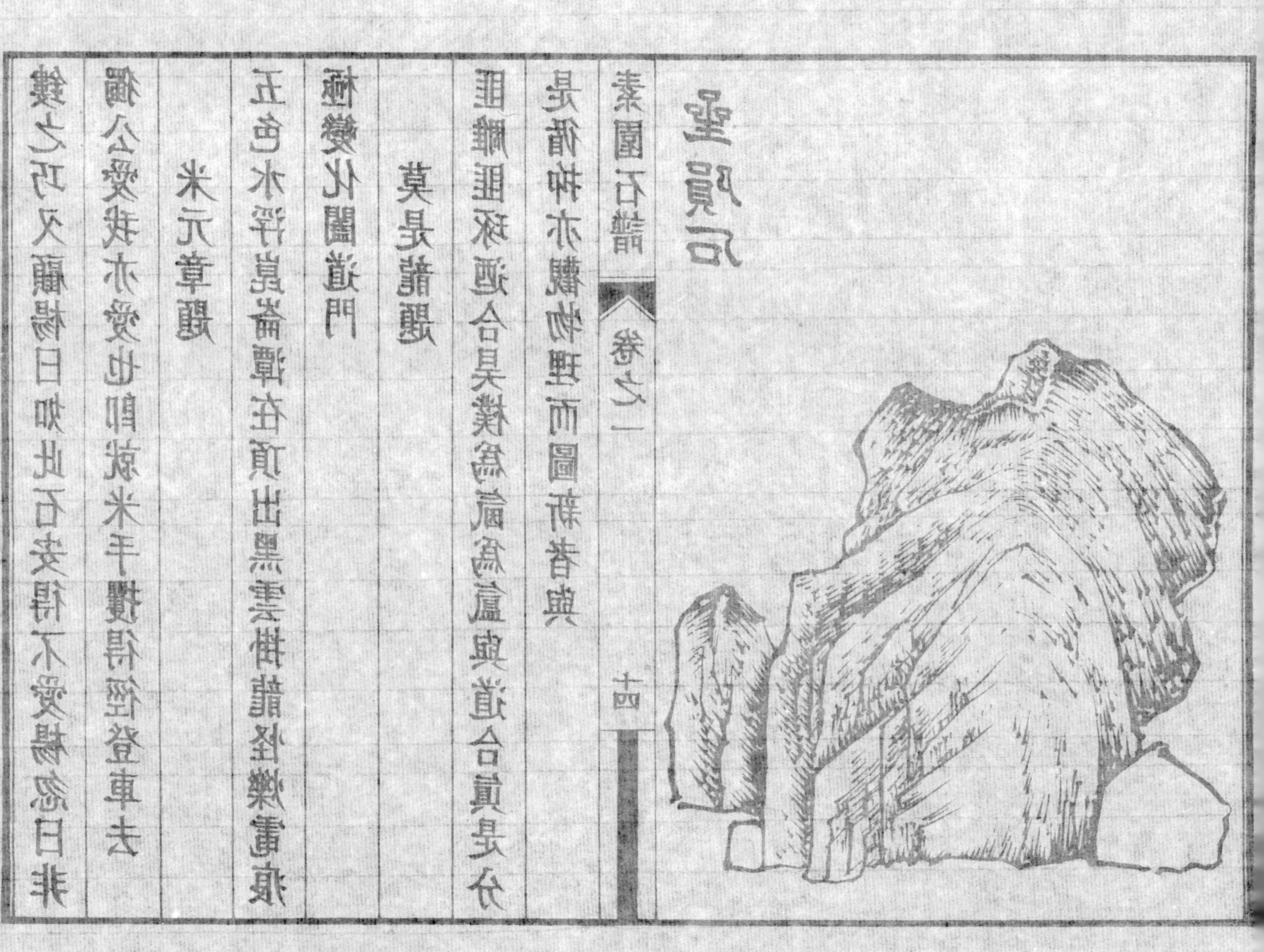

陽氣之精上浮爲星散而隕墜當無形也然隕時有聲金星之精墜于終南化爲白石彭蠡有落星石又春秋五石隕越于宋近俞某早朝偶爾星隕身側鏗然有聲在地尚響視如硃砂小石南都應天府學内有星隕石三塊

韓琮咏

的的墮芊芊蒼茫不見年幾逢疑虎將應逐犯牛仙擇地依蘭畹題詩間錦箋何時成五色却

上女媧天

李空同咏

千江勢欲倒蠡門支孤嶼輝輝雲崖映洶洶湍瀨注霜水落丈餘石角露齟齬採奇犯嶔涉停旆挈賢侶褰裳入松寺倚竹望風渚崩奔亂帆下蔽曳波鳥舉秋空澹明澄浮山互吞吐靈根合道蘊曠蕩谿徧阻貞靡亞砥柱險可並灔澦不聞永嘉勝祇因謝公許

御題石

大德初廣積庫官售䙁物有一石小峯長僅六尺高半之玲瓏秀潤所謂卧沙水道轉摺胡桃紋皆具山峯之頂有白石正圓瑩然如玉㠍宗御題八小字于旁曰山高月小水落石出畧無雕琢之跡眞奇物也

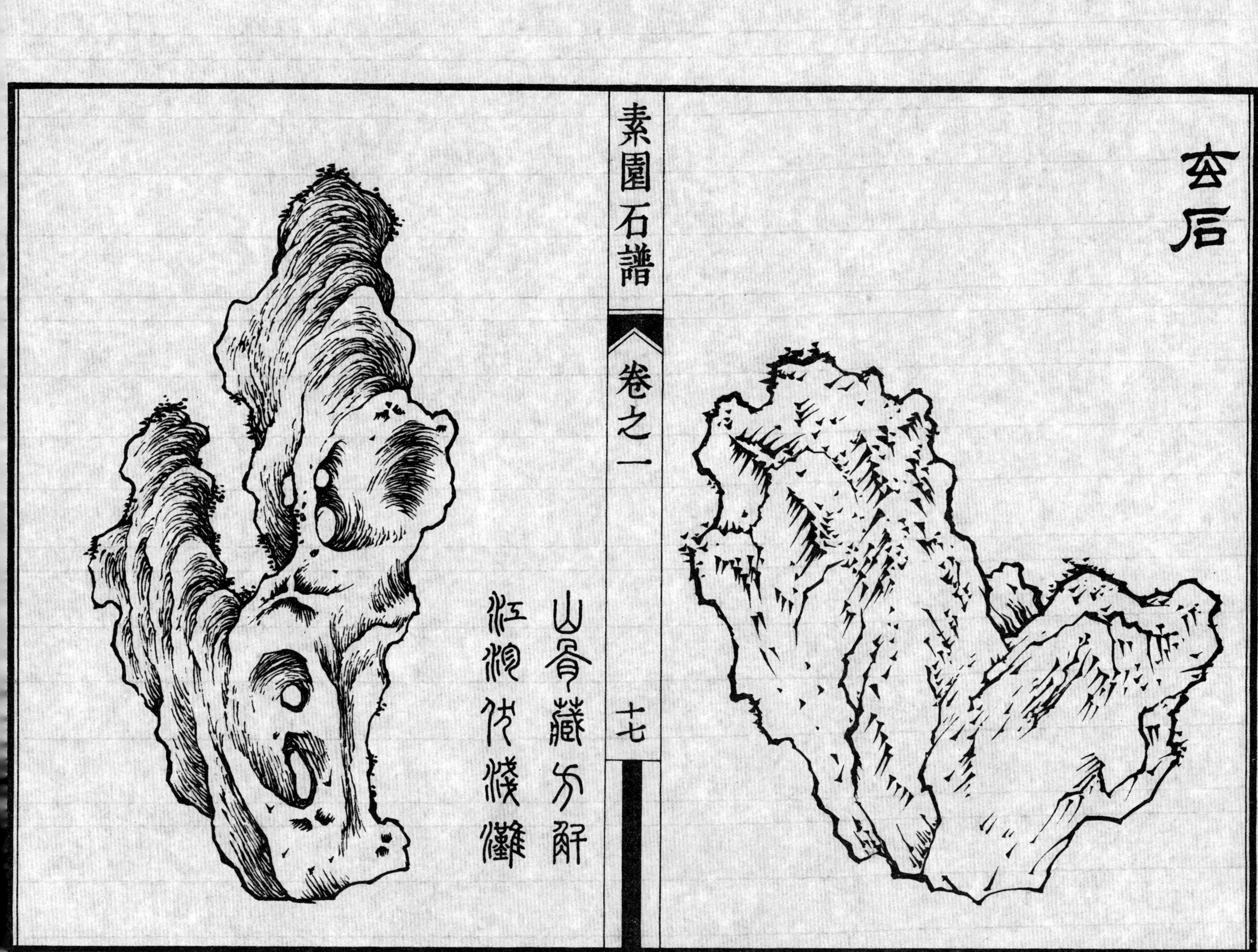

玄石

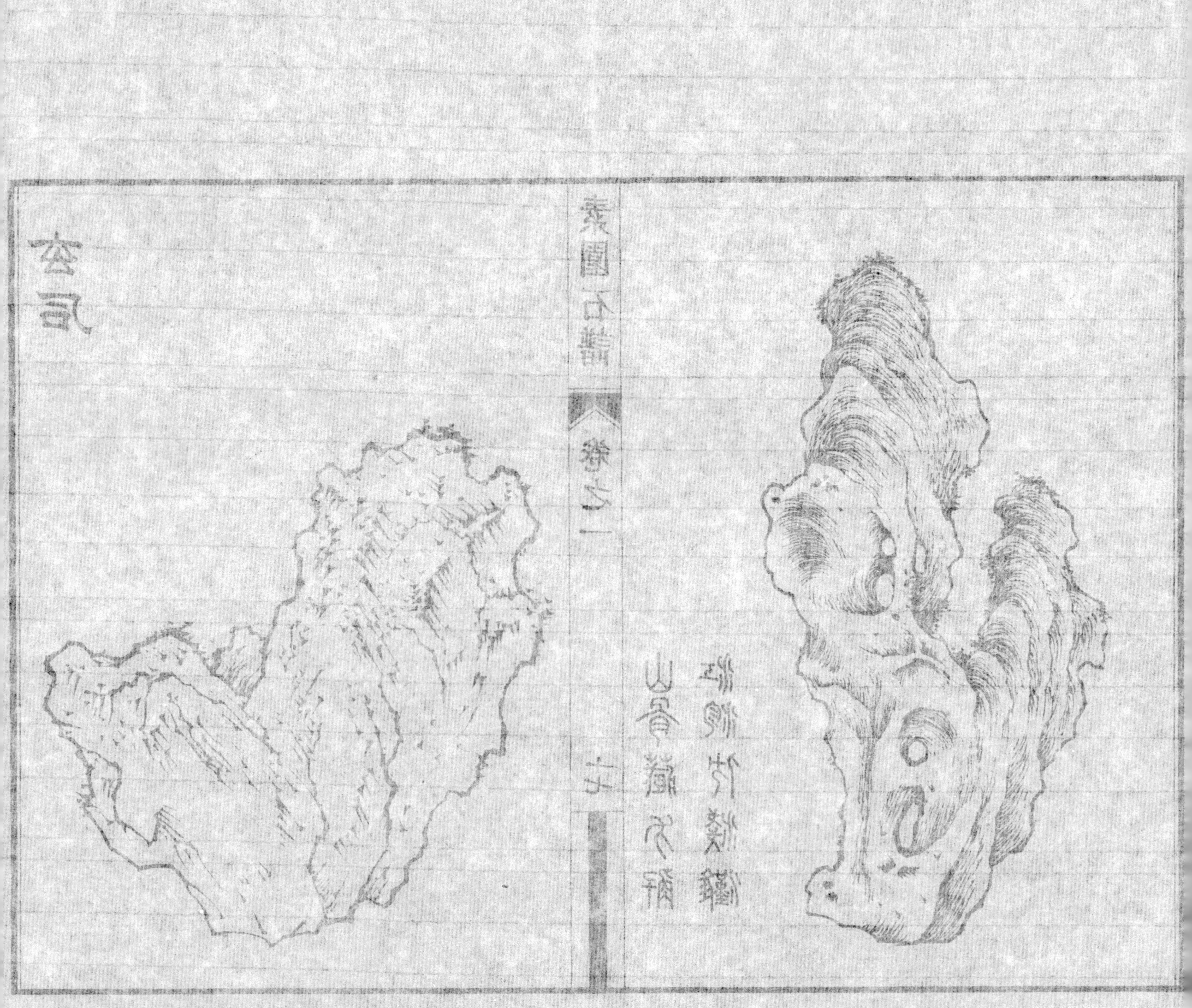

至正貢宣城在越江之濵得之嵌竇峭愣軒若舞袖莊若拱璧湧若波濤滃若雲詭煒然若芝亭然若蘆玄膚白理縱横包絡若龜兆若蚕絲而曳雲點雪之文若星斗錯落下上眞奇寶也遂賦長歌以識之

女媧手鍊五色石乖龍角人不鬭識泗濵風卷入韶英九奏功成萬夫力淸標一染越江塵歲月蹉跎竟誰拭秋莖露冷蝕生銅天柱雲收倚

蒼壁何人爲爾出妖緜萬里遂得相追隨無諸試劒漫岁崱螺女學舞空差池嵌崟泄雨下墨黑霹靂忽起孤蟠螭夜深星斗散如雪曉日未挂扶桑枝世間頑礦滔滔是草根零落何須記瓦礫不混璩瑤珍宗廟別有璠璵器使君知巳爲作歌鵰鶚横飛見高志靑天五嶺秀芙蓉且向三山看空翠

泰山石

龍慶府泰山石產土中大小踰三四寸間有磊塊碎小者色黑或微白或微青亦有嵌空嶮怪勢其質頗軟不甚爍目

盧朗溪咏

甯戚歌中意正長宜都誰爲辨陰陽將軍挾矢混疑虎道士喝聲都化羊秀孕片雲迷宇宙力攻璞玉獻君王穀城如有精靈在莫爲今無漢子房

雪浪石

瑤潢浴日金
峙翔煌處角
形于蕭森八
案之間浮吾
禍于寶軻畫
中之奇

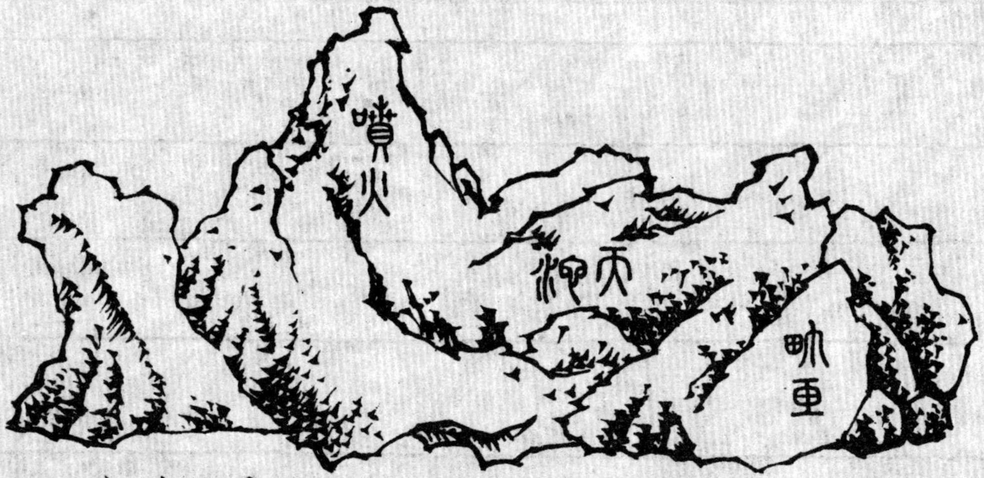

底有卧沙

巉巖窗外添幽致
磊落庭前助襍喧

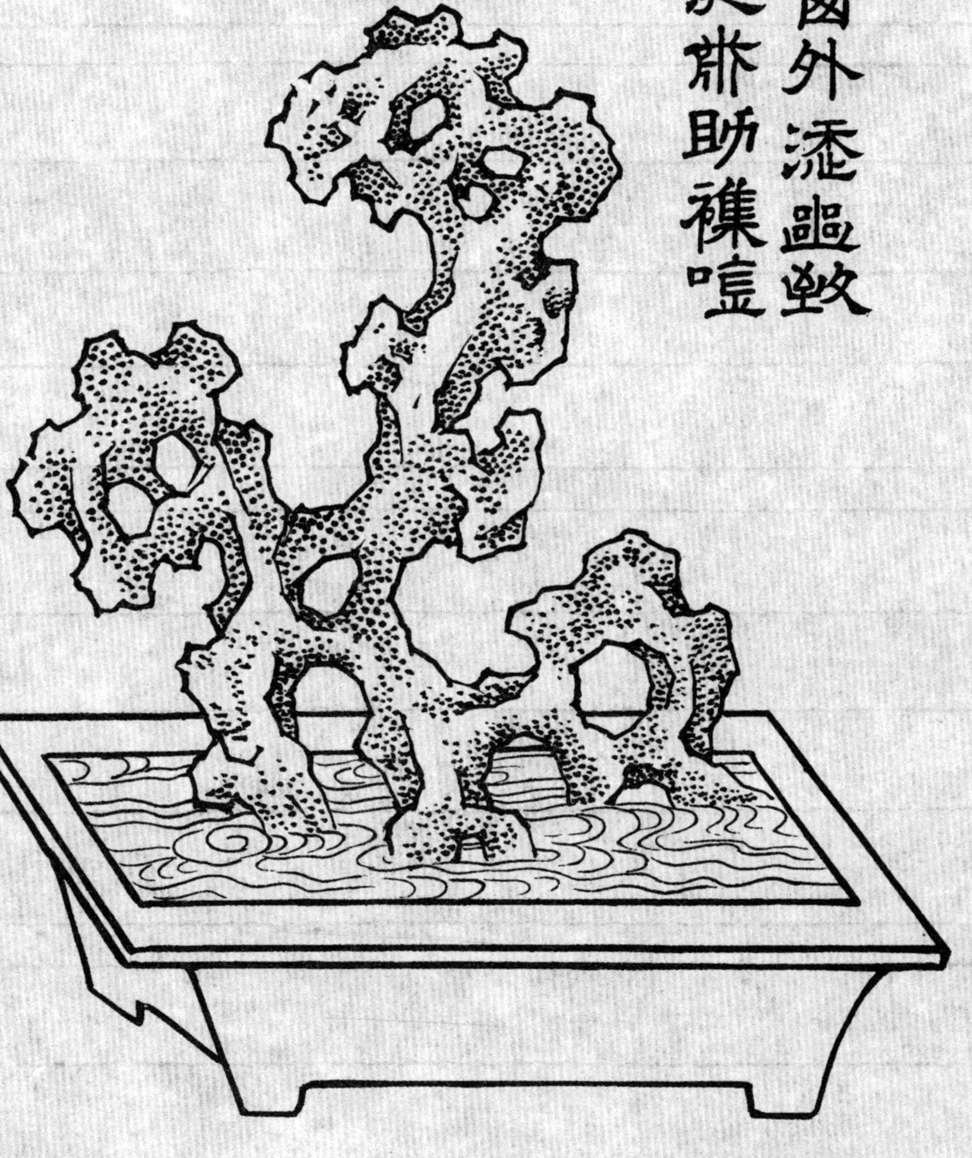

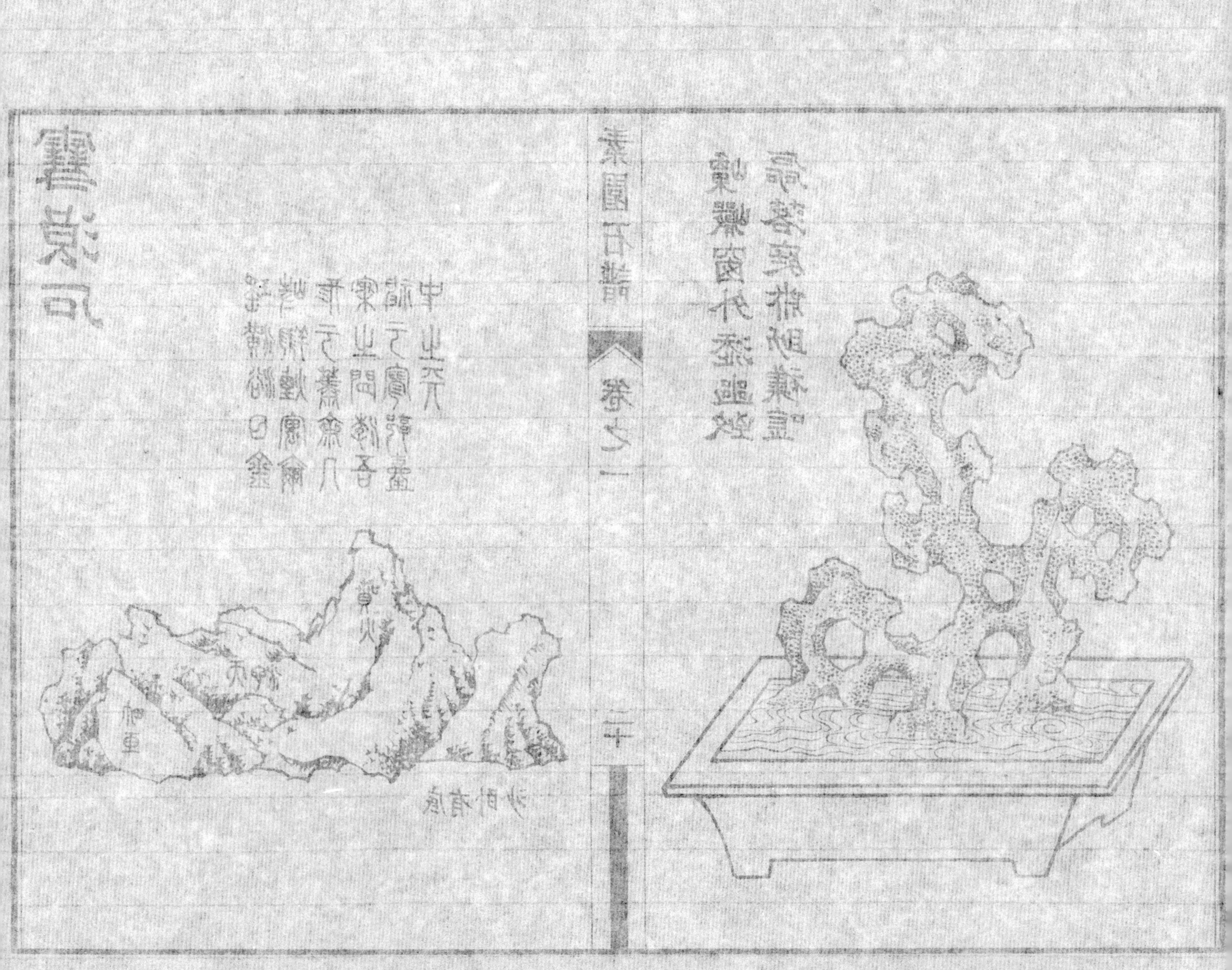

雪浪齋有一石如蜀孫位孫知微所畫石間奔流盡水之變又得白石曲陽爲大盆以盛之銘曰

畫水之變蜀兩孫與不傳者歸九原異哉礮石雲浪翻石中乃有此理存玉井芙蓉丈八盆伏流飛雪漱其根東坡作銘豈多言四月辛酉紹聖元

東坡復作歌曰太行西來萬馬屯勢與岱獄爭雄尊飛狐上黨天下脊半掩落日先黃昏削成山東二百郡氣壓代北三家邨千峯石卷矗牙帳崩厓鑿斷開土門揭來城下作飛石一礮驚落天驕魂承平百年烽燧冷此物僵臥枯楡根畫師爭摸雪浪勢天工不見雷斧痕離堆四面遶江水坐無蜀士誰與論老翁兒戲作飛雨把酒坐看珠跳盆此身自幻孰非夢故園山水聊心存

菱谿石

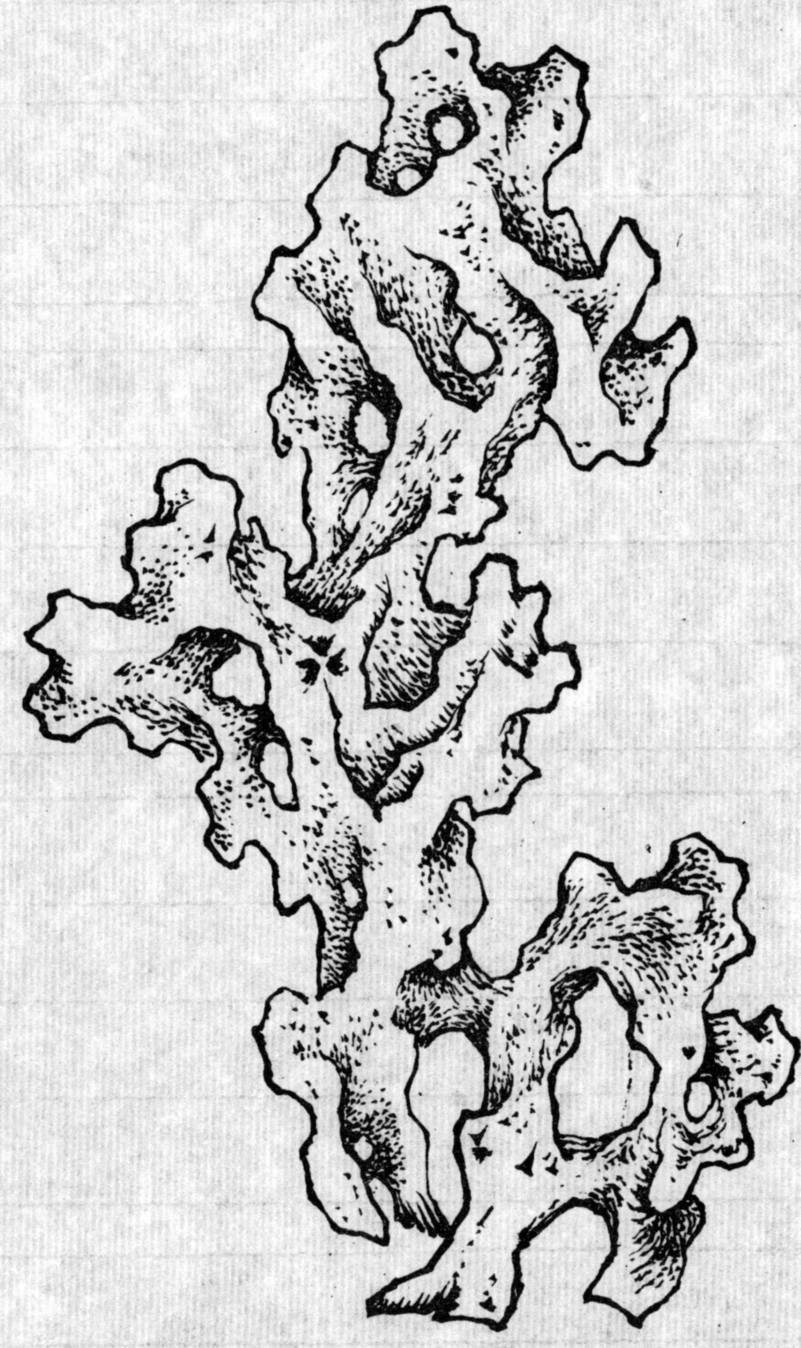

菱谿之石有六其四爲人取去其一差小兒尤奇尙藏民家其最大者偃然僵臥於谿側以其難徙故得獨存每歲寒霜落水涸而石出谿旁人見其可怪往往祀以爲神歐陽子曳置幽谷又索小者得于白塔朱氏

歐陽六一詠

新霜夜落秋水淺有石露出寒溪堧苔昏土蝕禽鳥琢出沒溪水秋復春溪邊老翁生長見疑我來覩何殷勤愛之遠徙回幽谷曳以三犢載

兩輪行穿城中罷市看但驚可怪誰復珍荒烟
野草埋没久洗以石竇清冷泉朱闌緑竹相掩
映選致佳處當南軒南軒旁列千萬峯曾未有
此奇嶙峋乃知奇物世所少萬金爭買傳幾人
山河百戰變陵谷何爲落彼荒溪漬山經地誌
不可究遂令異説爭紛紜皆云女蝸初鍜鍊融
結一氣凝精神仰看蒼蒼補其缺染此紺碧瑩
且温或疑古者燧人氏鑽以出火爲炮燔苟非
神聖親手迹不爾孔竅誰雕剜又云漢使把漢
節西北萬里窮崑崙行經于闐得寶玉流入中
中國隨河源沙磨水激自穿穴所以鐫鑿無瑕
痕嗟余有口莫能辨歎息但以兩手捫盧仝韓
愈不在世彈壓百恠無雄文爭奇鬭異合取勝
遂至荒誕無根源天高地厚靡不有醜好萬狀
奚足論惟當掃雪席其側日與嘉客陳清尊

崐山石

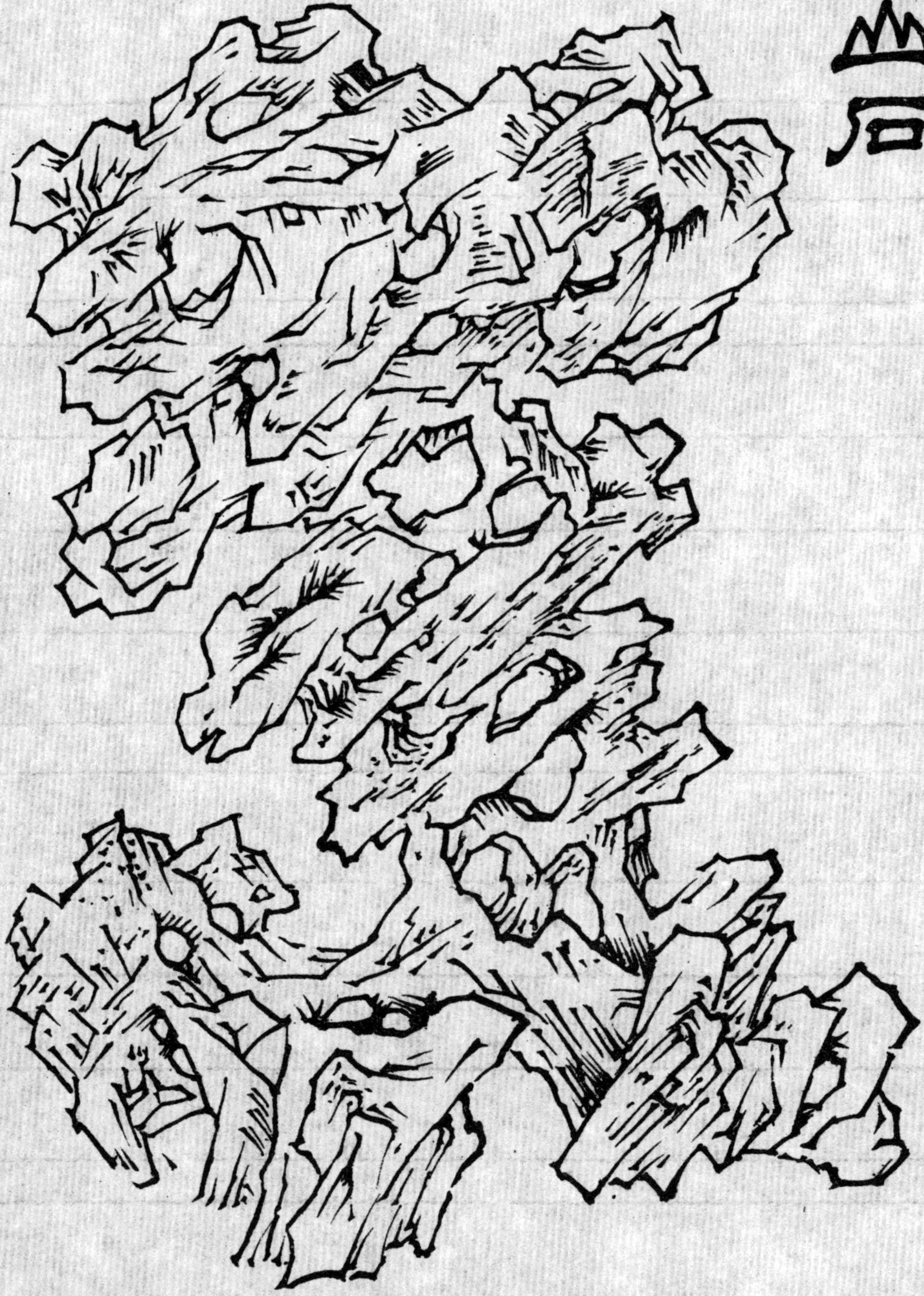

煙凝含潤
苔蘚助新青

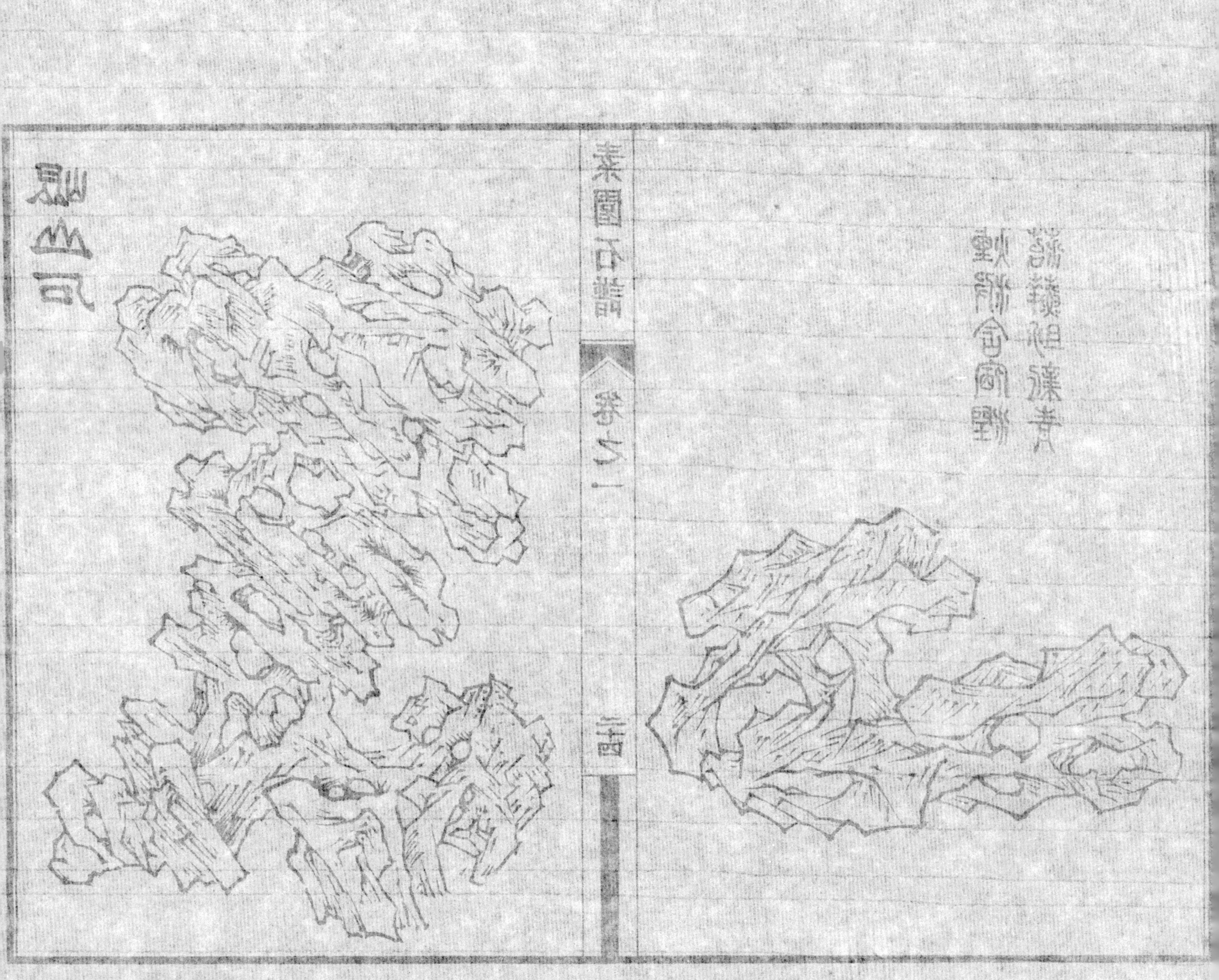
崑山石

蘇州府崑山縣馬鞍山於深山中掘之乃得玲瓏可愛鑿成山坡種石菖蒲花樹及小松栢近詢其鄉人山在縣後一二里許山上石是火石山洞中石玲瓏栽菖蒲等物最茂盛葢火暖故也

張伯起題

怪石嶙珣虎豹蹲虬柯蒼翠蔭空村亦知匠石不相顧閲歷歲華多蘚痕

林慮石

天洞谷山

相州林慮山地名交口其質堅潤扣之有聲峯巒秀拔曾貢入內府有藍關蒼虬洞天數十品各高數寸甚奇異此石自崇寧方出相視地脉偶得之大不踰尺至如拳者奇巧百出

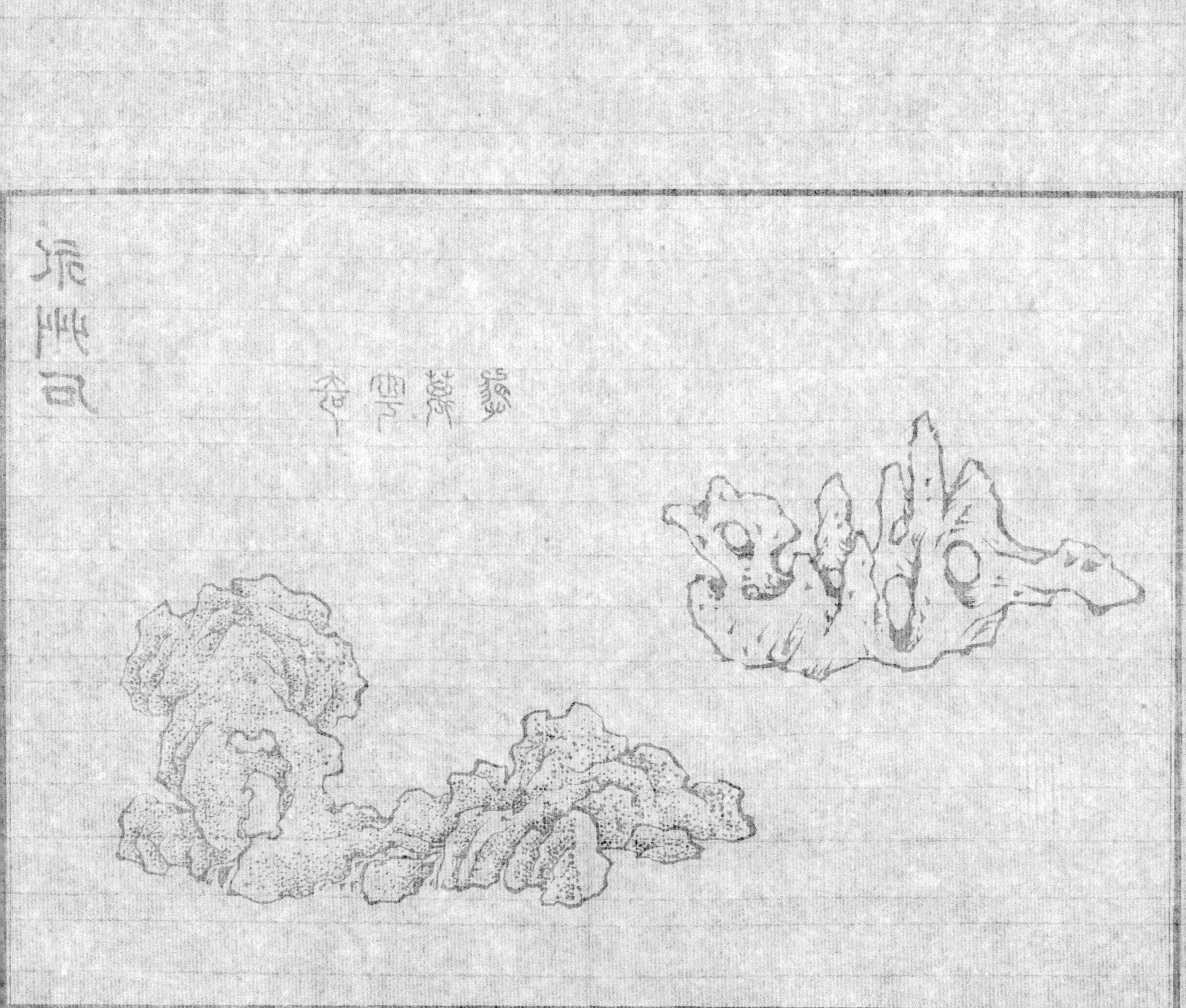

永州石

奇雲莫態

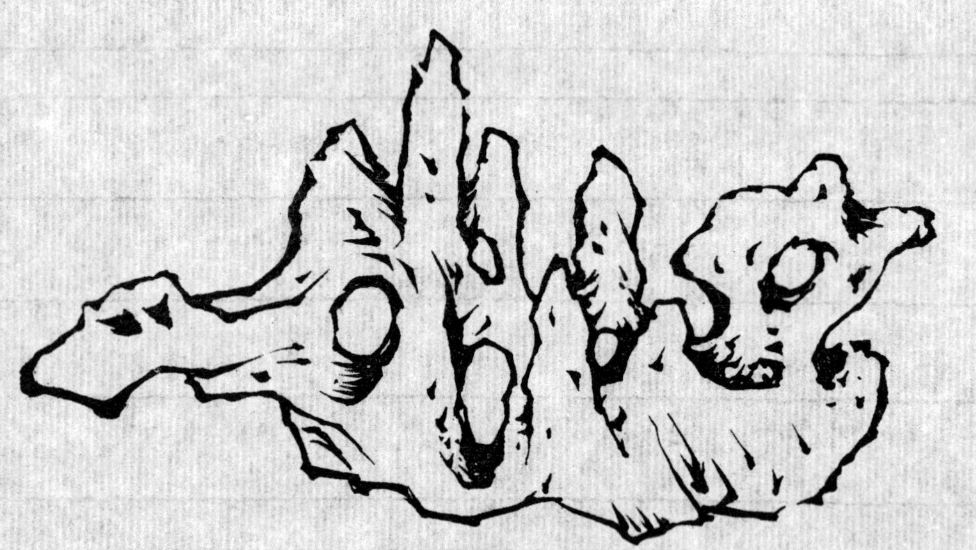

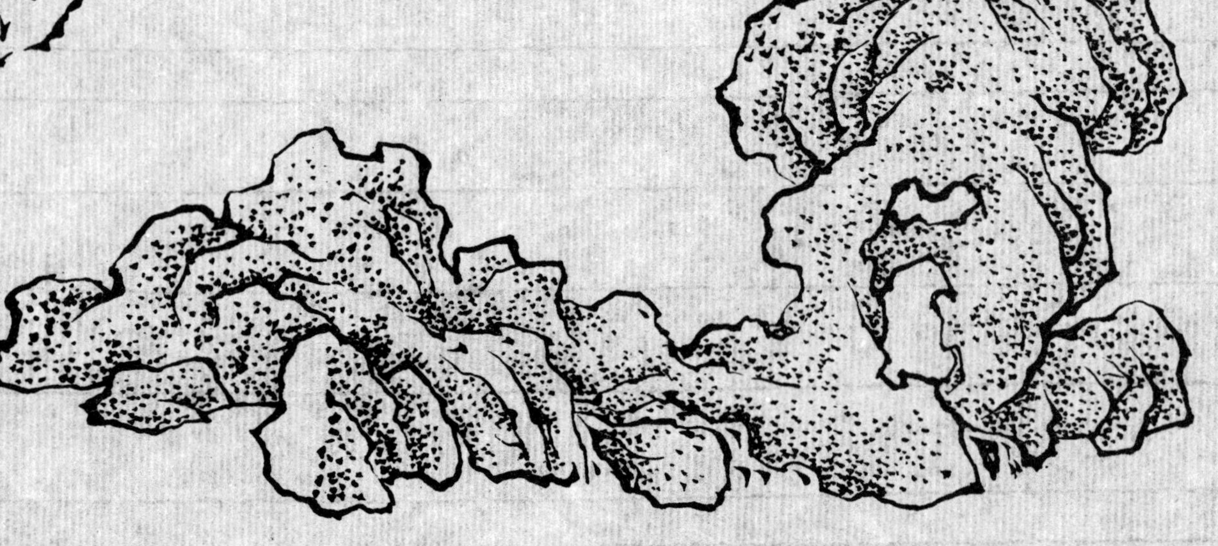

永州公署依山廳事之東隅頃歲太山黄叔豹因其地稍露山谷除治積壤十餘丈得眞山一座凡八峯洞洞相通翠潤可愛遍有唐人刻字于諸峯之側甚奇古有一石横尺餘聯綴石上有金星水禽之形因引泉出水其石正浮水面亦有唐人刻字目之爲鸂鶒石又群山之後廣二頃餘率皆奇怪之石羅布田野間或爲居人隱蔽元次山𠜱萬石亭於群山之顚甚有奇觀

王弇州咏

一夜點蒼山入君讀書舍芊眠白雲色而親在其下

虢州月石屏

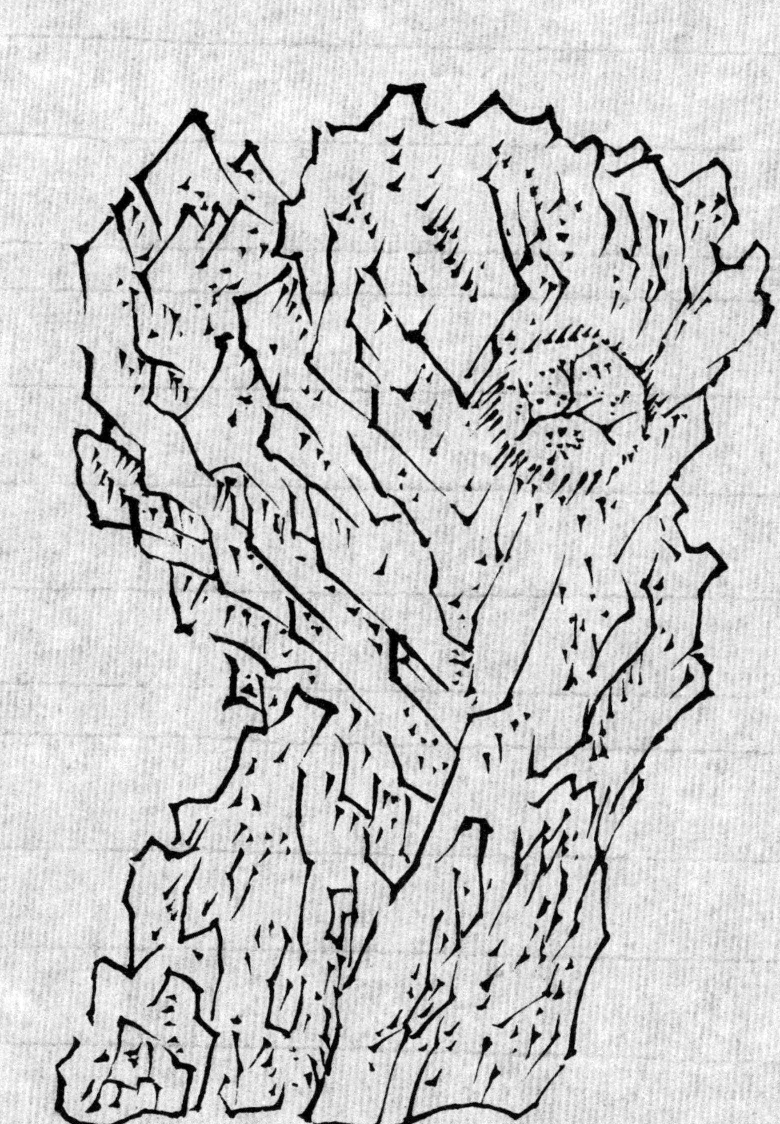

虢州朱陽縣石產土中或在高山其質甚軟無聲一種色深紫中有白石如圓月或如龜蟾吐雲氣之狀兩兩相對土人就石段中揭取用藥物鐫治而成間有天生如圓月形者昔歐陽永叔賦雲月石屏詩特爲奇異又有一種色黄白中有石紋如山峯羅列遠近澗壑相通亦是成片修治鐫削度其巧趣乃成物像以手攏之石面高低多作研屏置于几案間全如圖畫詢之

土人石因積浸水漬遂成斑爛耳張景山在虢州時命治石橋小版一石中有月形石色紫月白月中有樹森然其文黑而枝葉老勁雖世之工畫者不能爲其月西旁微有不滿處正如十三四時其樹横生一枝外出蓋奇物也

歐陽六一

月從海底來行上天東南正當天中時下照千丈潭潭心無風月不動倒影射入紫石巖月光水潔石瑩淨感此陰魄來中潛自從月入此石中天有二曜分爲三清光萬古不磨滅天地至寶難藏緘天公呼雷公夜持巨斧隳嶄巖墮此一片落千仞皎然寒鏡在玉奩蝦蟇白兎走天上空留桂影猶杉杉景山得之惜不得贈我意與千金兼自云每到月滿時石在暗室光出檐大哉天地間萬怪難悉談嗟余不量度每事思窮探欲將兩耳目所及而與造化爭毫纖煌煌三

辰行日月尤尊嚴若令下與物爲比擾擾萬類將誰瞻不然此石竟何物有口欲說嗟如鉗吾奇蘇子胸羅列萬象中包含不惟胸寬胆亦大屢出言語驚愚凡自吾得此石未見蘇子心懷慚不經老匠先指訣有手誰敢施鐫鑱呼工畫石特寄似幸子留意其無謙

蘇滄浪

日月行天上下照萬物根向之生榮背則死故爲萬物生死門東西兩交征晝夜不蹔停胡爲虢山石留此皎月痕常存桂樹扶疎陰有若圖畫成永叔得之不能曉作歌使我窮其源且疑月入此石中分此兩曜三處明或云蟾蜍好溪山逃遁出月不可闌浮波穴石恣所樂嫦娥孤坐初不覺玉柝夜無聲無物來搗藥嫦娥驚推輪下天自尋捉遶地掀江踏山嶽二物驚奔不復見留此玉輪之跡在青壁風雨不可剝此說

亦詭異余知未精確物有無情自相感不問幽微與高邈老蚌吸月月降胎水犀望星星入角形霞爍石變靈砂白虹貫巖生美璞此乃西山石久爲月照著歲久光不滅遂有團團月寒輝籠籠出輕霧坐對不復嗟殘缺蝦蟇從汝惡嘴吻可能食此清光沒玉川子若在見必喜不輟此雖在石中時有靈光發土怪山鬼不敢近照之僵仆肝腦裂有如君上明下燭萬類無遁形光艷百世無虧盈

梅宛陵

虢州紫石如紫泥中有瑩白象明月黑文天畫不可窮桂樹婆娑生意發其形方廣盈尺間造化施工常不沒虢州得之自山窟持作名卿研旁物

鑿山侵古雲破石見寒樹分明秋月影向此石上布中央隱孤璧紫錦藉圓素山祇與地靈暗

巧不欲露乃值人所獲裁爲文室具獨立筆研
間莫使塵埃度

潘笠江題

錦石列雲屏青冥互盤薄烟霞蒼翠屯璀璨芙
蓉蕚漫展五芝之圖徙倚三花落

松化石

婺州永寧縣松林頭一夕大風雨忽化爲石悉皆新截大者徑二三尺有松節脂脉土人運而爲坐且至有小如拳者亦宜置几案間

金華永康縣山亭中有枯松樹因斷之悞墮水中化爲石其枝幹及皮堅勁與松無異

武宗時夫餘國貢松風石方一丈中有枯松盛夏颯颯有風生于其間

范中方題

偃蓋蒼雲滿沉精積水長居然成氣核端欲補浮陽入宋疑星隕過梁訝雀翔徂徠舊神物飛向紫薇宮

花石版

一統志載花石在岳州府慈利縣武口寨石上有花如堆心牡丹枝葉繚繞雖精于畫者莫能及人或以物擊碎其花拂拭之其花復見重疊非一

非一

又人或以物墨染其花入其花復見重疊

有石如掌小者升枚葉籍維千畫者莫能

一統志載花石任品用府蘇州懸出口兼石上

茶石版

向紫藏宮

浮陽人宋某星隕過翠崇寺進揮逗徐遭逆物硯

優游翰墨沉精積木長尺品深成氣然堪遂